Thomas Ditzinger / Armin Kuhn

IMAGES MAGIQUES

L'UNIVERS FASCINANT DE LA 3e DIMENSION

SOLAR

IMAGES MAGIQUES

Une nouvelle perception

« Comme ce serait merveilleux, soupirait Alice, si l'on pouvait entrer dans la maison du miroir ! Je suis sûre qu'il y a tant de choses à voir. Imaginons que le verre soit devenu aussi léger que la gaze… Mais, ma parole, le voici qui se fait brouillard ! Le traverser va être un jeu d'enfant… » Tandis qu'elle prononçait ces mots, elle se trouva, sans trop savoir comment cela était advenu, juchée sur la cheminée. Et, de fait, la glace commençait bel et bien à se dissoudre en une brume vif argent. »

Lewis Carroll,
Alice au pays des merveilles.

Qui de nous n'a un jour envié Alice de passer si aisément de l'autre côté du miroir ? Qui n'a rêvé de pénétrer à sa suite au pays des merveilles et d'avoir ainsi accès à un monde nouveau, insoupçonné, magique ? Or, charmante nouvelle : l'aventure est aujourd'hui à notre portée. Mais quel est donc le fabuleux enchanteur qui nous ouvre le chemin de la magie ? Un livre. Mais pas n'importe quel livre. Vous allez en effet rapidement découvrir qu'il suffit de se laisser guider par le délicieux pouvoir des images tridimensionnelles pour parvenir au cœur du fantastique univers qu'elles recèlent. Prenez le miroir entre vos mains, et apprenez à voir au-delà des apparences, au-delà des images, d'autres images. Avec un peu de patience et d'attention, vous maîtriserez bientôt la technique rudimentaire qui vous permettra de retrouver vos yeux d'enfant et de vous fondre dans les compositions qui vous sont proposées.

Bien sûr, tout le monde n'éprouve pas les mêmes facilités – ou les mêmes difficultés – pour « jouer » avec les stéréogrammes (images en trois dimensions). C'est pourquoi vous devrez peut-être faire preuve d'un peu de persévérance avant d'avoir la « révélation »… Ne vous découragez pas. Laissez le temps suspendre son vol, relaxez-vous, ne pensez plus à rien – et surtout pas à ce que vous êtes censé percevoir –, renouvelez les expériences.

Il y a d'ailleurs plusieurs méthodes possibles. Vous pouvez, par exemple, laisser en quelque sorte « agir » l'image : détendez-vous au maximum, la tête vide, et faites comme si vous attendiez que l'univers caché vienne à vous, peu à peu. Si vous savez vous isoler de votre environnement, vous verrez que tout cela est parfaitement possible dans un contexte bruyant, agité. Mais vous découvrirez peut-être que vous êtes au contraire de ceux qui ont besoin de se concentrer intensément, de réfléchir à ce qu'ils font, de « guetter » le surgissement du motif. A chacun son chemin, même s'il est avéré que la relaxation complète est encore le moyen le plus efficace.

Tout naturellement et d'ailleurs assez soudainement, vous allez éprouver un léger vertige : rassurez-vous, rien de spectaculaire, mais quelque chose comme la sensation d'un infime décalage entre ce que vous voyiez jusque-là et ce que vous commencez à percevoir. Cet état – à dire vrai délicieux – marque le début de l'aventure, de cette plongée dans l'univers sensoriel qui va vous mener tout droit vers le monde magique des images tridimensionnelles. Certes, vous ne serez peut-être pas en mesure d'y « entrer » dès votre première expérience, mais, là comme ailleurs, tout est question d'apprentissage. C'est pourquoi nous vous proposons ci-après quelques techniques – toutes aussi faciles à acquérir – destinées à vous mener rapidement, grâce à une concentration quasi immédiate, « à l'intérieur » de l'image. A vous de les tester et de définir celle qui vous est le mieux adaptée !

Méthode 1 : la bonne distance

Fixez l'image de très près, comme si vous tentiez de voir un point situé derrière elle. Vous louchez, du moins au départ. Votre regard doit demeurer fixe, même lorsque vous commencez à vous éloigner progressivement et lentement de la page – sans tenir compte, dans un premier temps, de ce que vous pouvez ou non y apercevoir.

Peu à peu, différents éléments vont apparaître dans la profondeur de l'image, comme dans un deuxième, voire un troisième plan. Ne cessez surtout pas de fixer la page, et ne tentez pas de « remettre au point » : vous perdriez les motifs entrevus. Conservez cette distance et continuez à laisser votre regard « flotter ». Maintenant, vous distinguez parfaitement l'ensemble de l'image et même ses plus infimes détails. C'est gagné !

Méthode 2 : la réflexion de la lumière

Cet ouvrage est réalisé sur papier glacé, soit sur un support qui « accroche » la lumière. Cherchez sur la page un point qui soit particulièrement lumineux. Concentrez-vous sur ce que vous voyez s'y refléter – peut-être même est-ce votre propre image. Fixez-le bien. En quelques secondes, vous allez voir apparaître différents plans, puis une nouvelle image en trois dimensions, un peu comme si vous voyiez se développer une photographie instantanée. Magique !

Méthode 3 : le tiers objet

Cette méthode consiste en quelque sorte à « ruser » avec l'image en trois dimensions, comme si l'on voulait en piéger le secret en feignant de s'occuper d'autre chose… Posez ainsi le livre à côté de vous. Fixez n'importe quel objet dans la pièce et fermez les yeux en conservant le souvenir dudit objet, mais en imaginant qu'il est à une autre distance de vous, plus proche. Maintenant, reprenez l'ouvrage, les yeux toujours fermés, puis ouvrez-les en plaçant l'image à la distance que vous aviez imaginée pour l'objet. Regardez la page comme si vous fixiez toujours ce dernier, juste derrière elle : l'effet de profondeur va apparaître.

Quand vous aurez acquis une grande habitude de cette vision tridimensionnelle, vous vous rendrez compte que les images se démultiplient quasiment à l'infini et que, au-delà du premier motif, une succession de motifs imbriqués les uns dans les autres semblent prolonger le champ de perception. Prenons un exemple. Dans un premier temps, vous entrevoyez un escalier descendant dans des profondeurs qui vous paraissent insondables. Mais, peu à peu, vous vous apercevez que ledit escalier se prolonge en un deuxième, qui mène à un étage débouchant lui-même sur un autre, etc. Prenez votre temps : pour déguster toutes ces images, il vous faudra une solide expérience !

Encore un mot : sachez qu'en vous initiant aux images tridimensionnelles, ce n'est pas seulement une nouvelle perception des choses que vous allez acquérir. Ce qui ne vous sera tout d'abord apparu que comme un divertissement se révélera bientôt comme une voie menant au pays de la profondeur. Sous les choses, il y a d'autres choses, et derrière ce que nous voyons ou croyons voir, tout ce que nous ne savons pas habituellement percevoir. A moins, comble d'ironie et de subtilité, qu'il ne s'agisse là que des merveilleuses créations de notre imaginaire, et que ce que nous étions déjà prêts à qualifier de vérité masquée enfin révélée ne soit en fait qu'une autre – et peut-être plus puissante, plus troublante – illusion ? A vous de jouer, de deviner, de trouver la réponse. Et, surtout, de ne la livrer à personne, sous aucun prétexte…

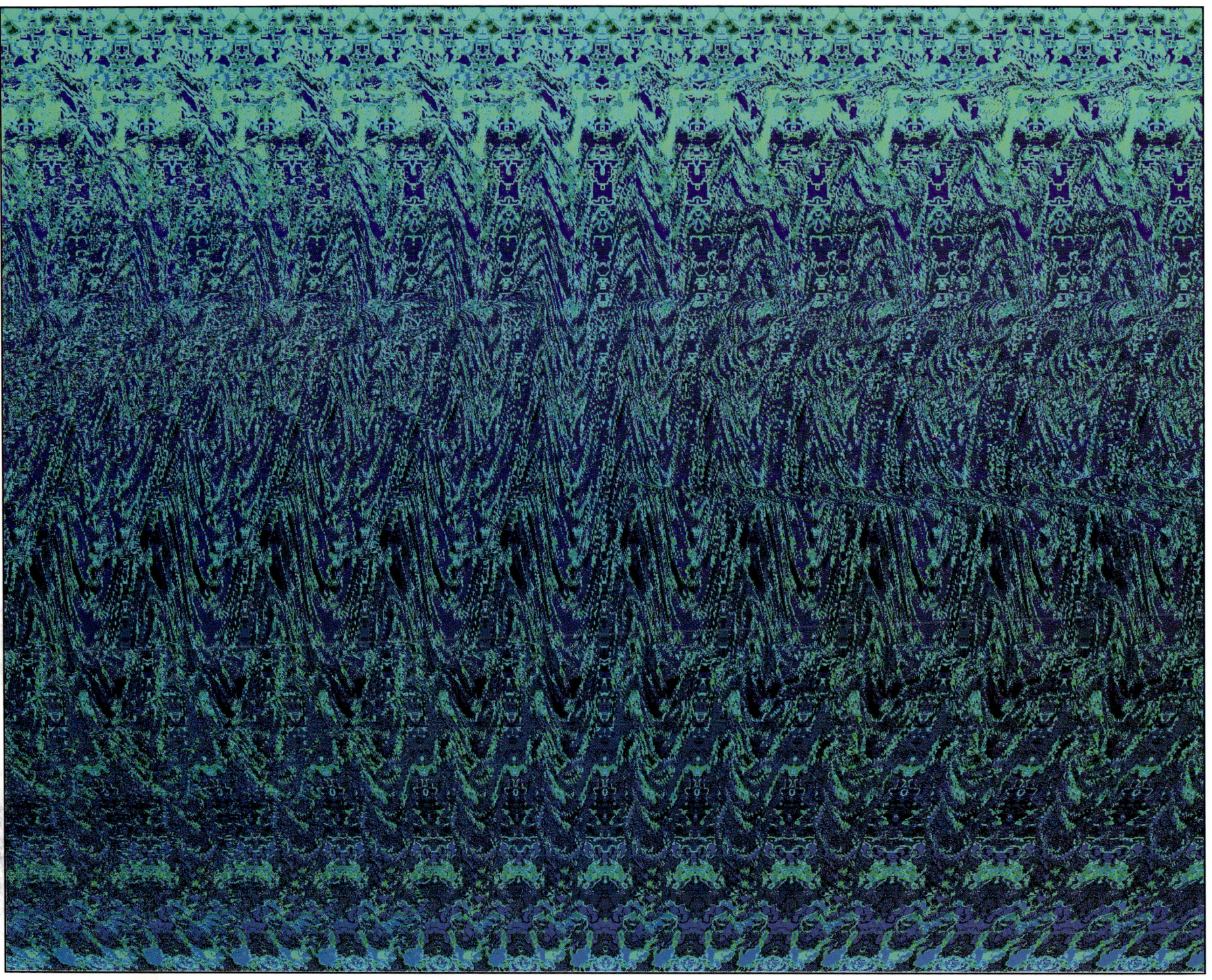

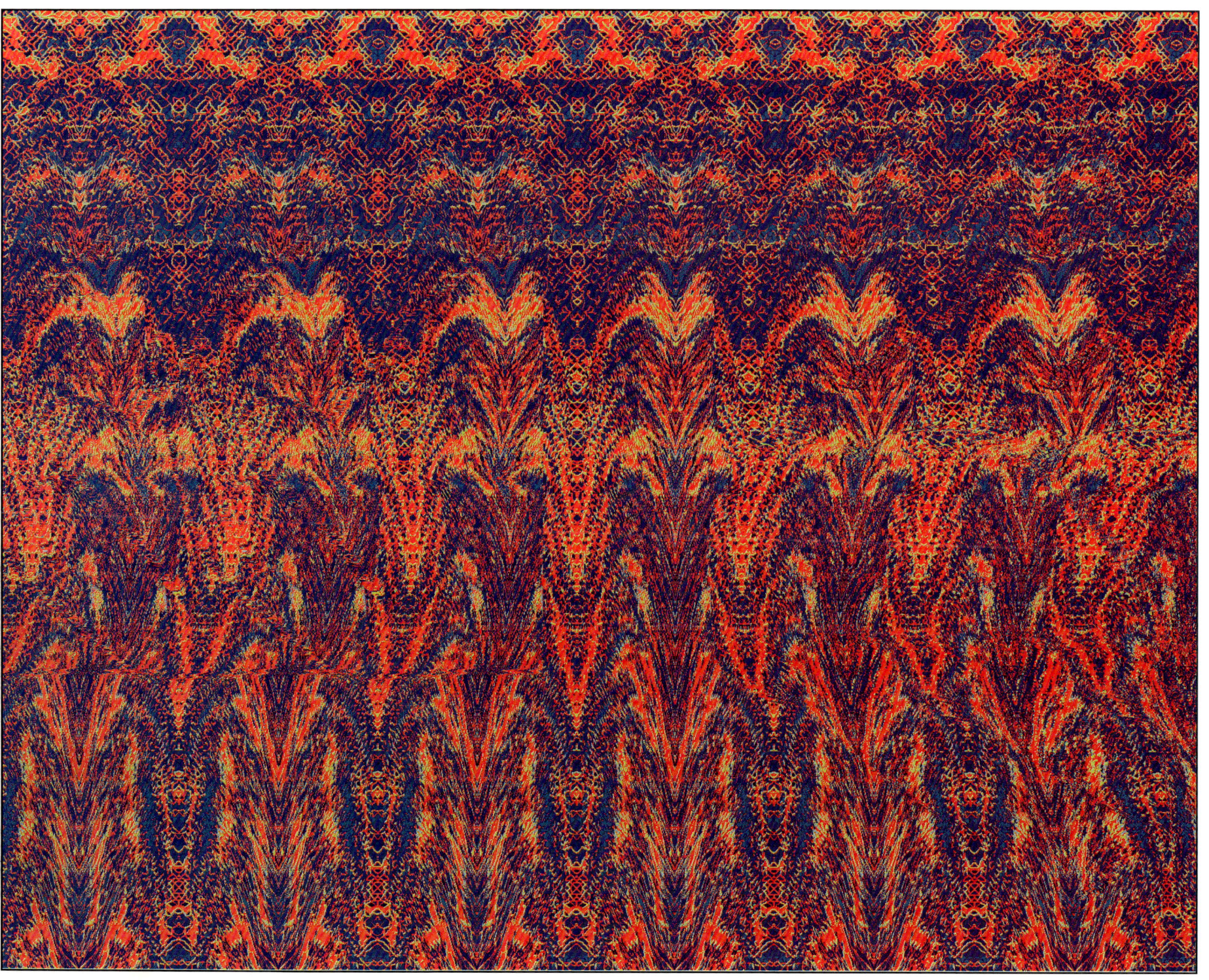

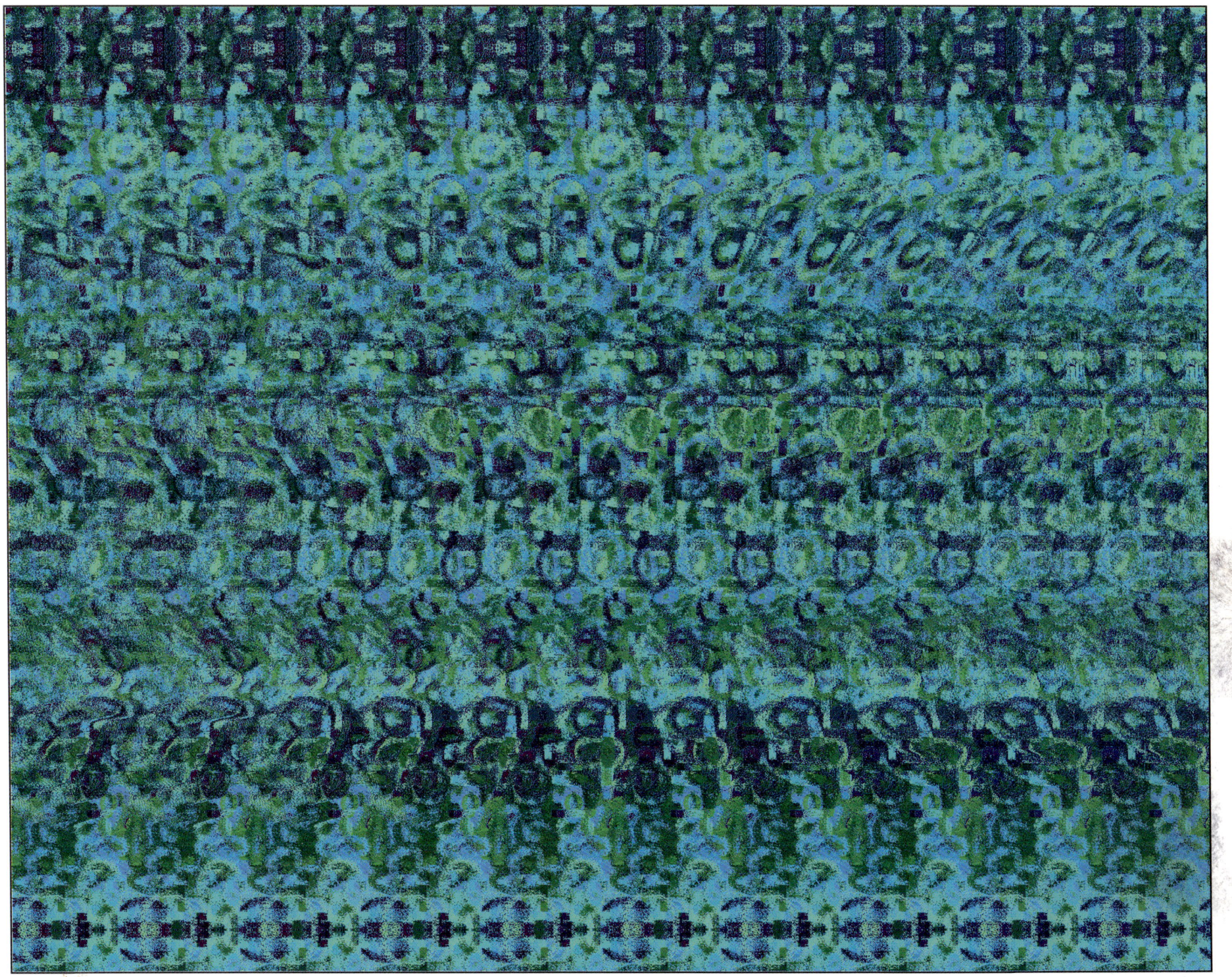

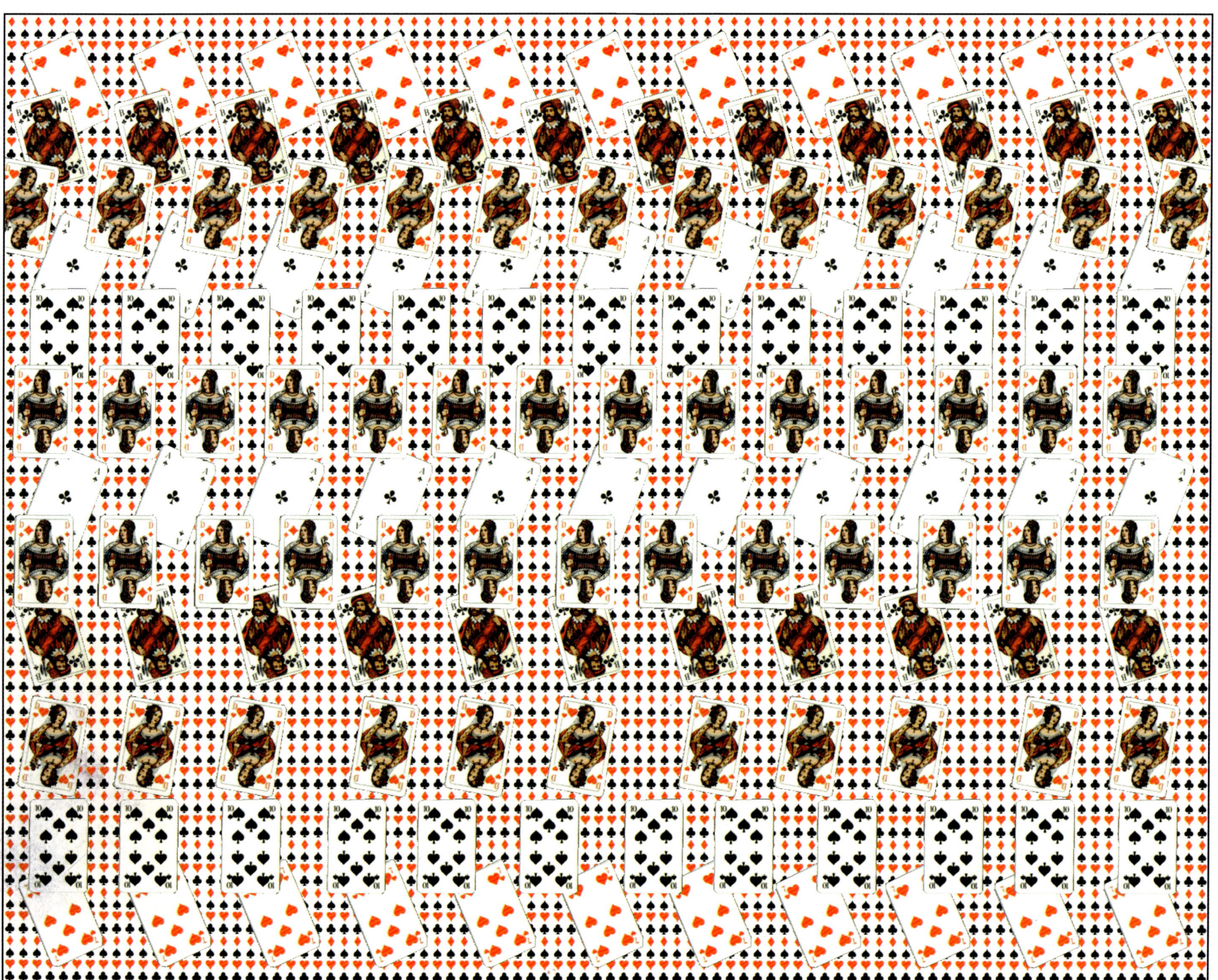

11

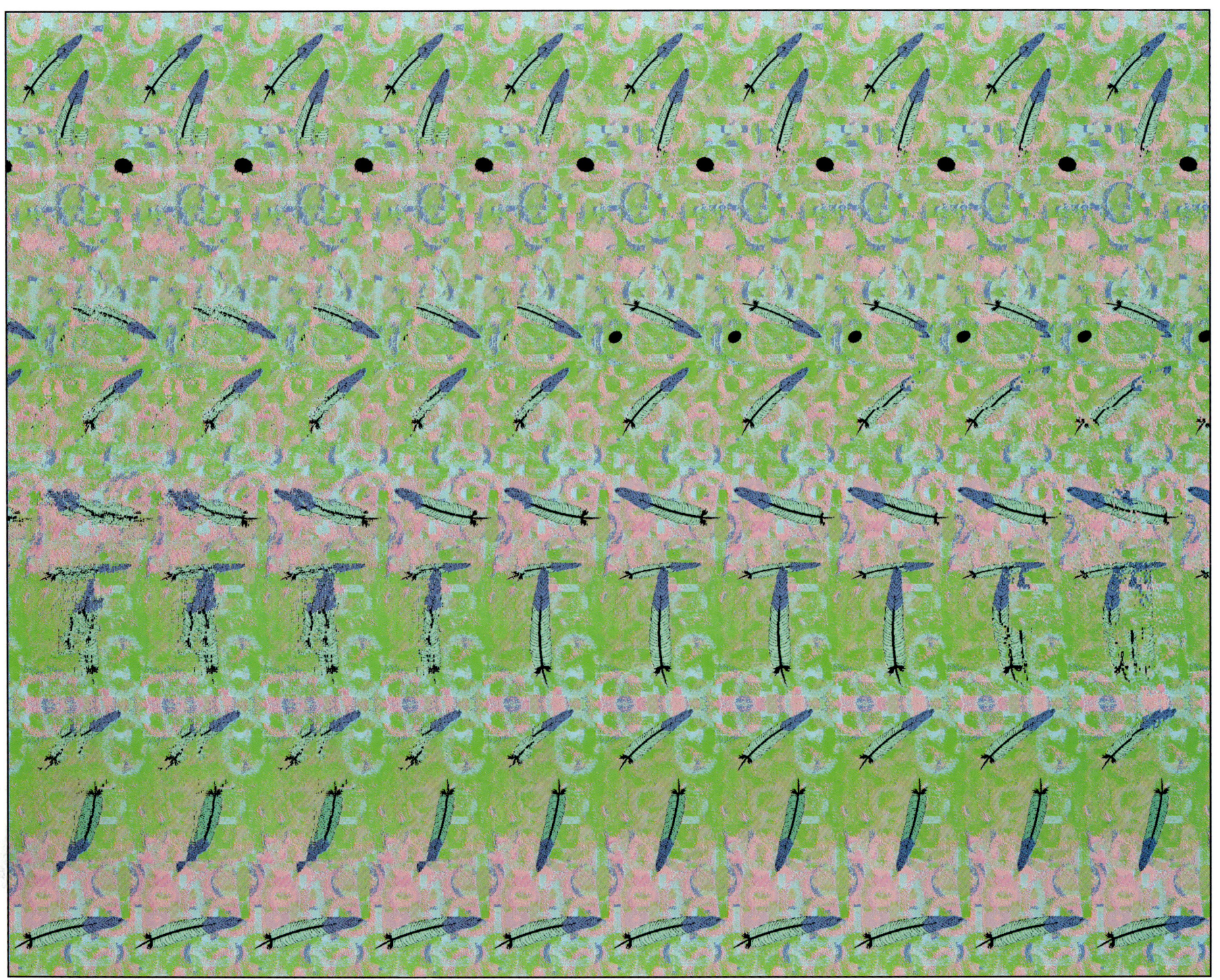

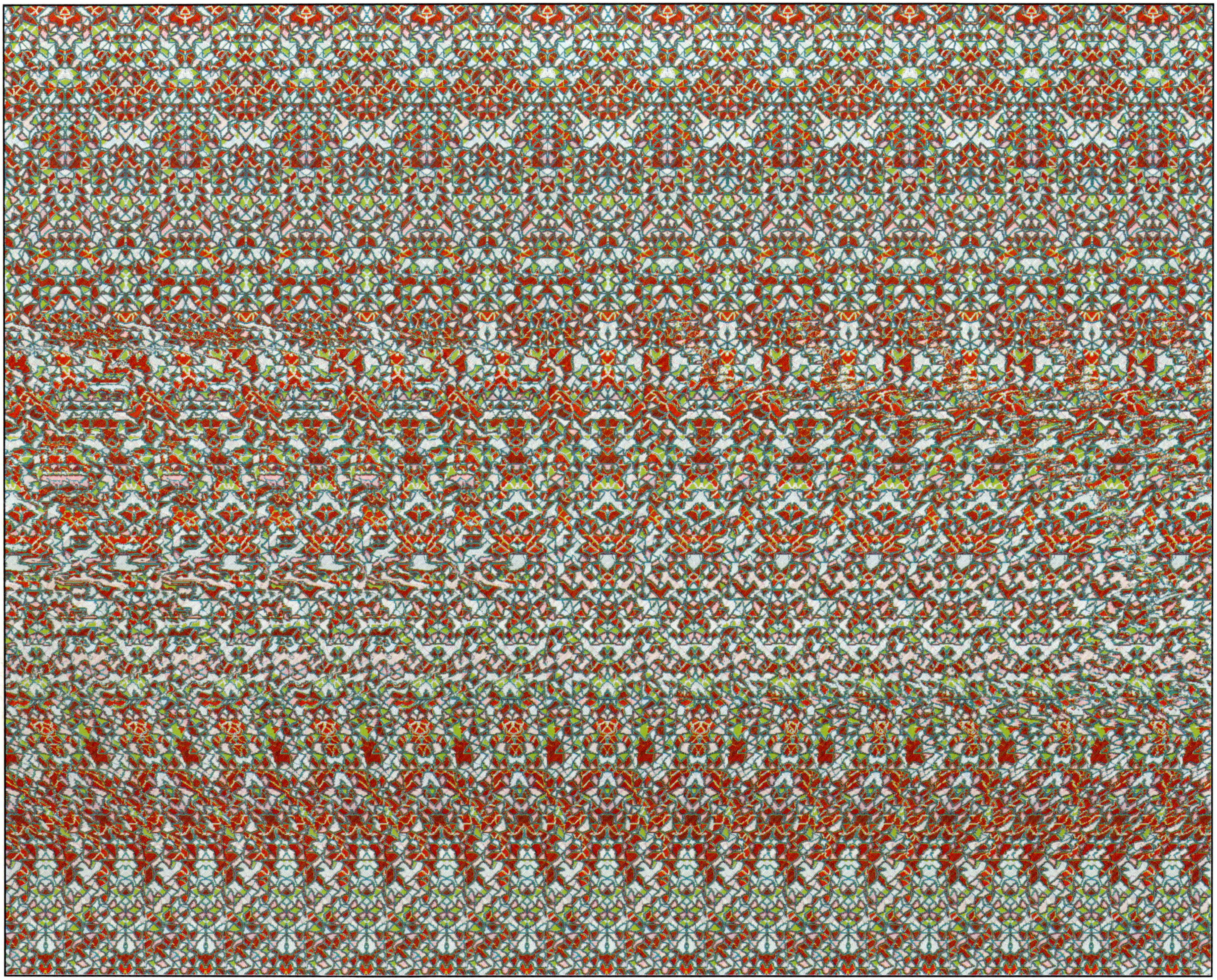

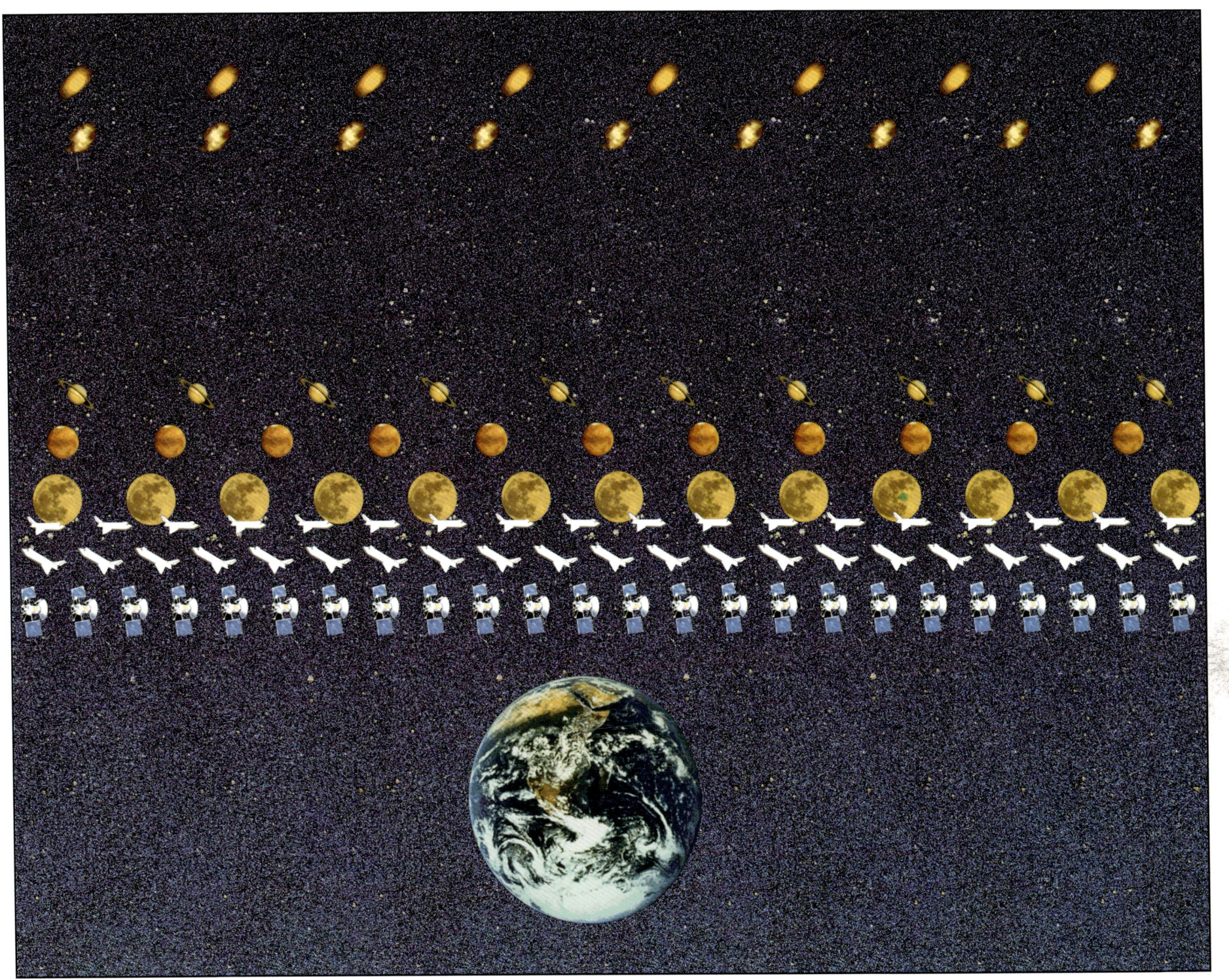

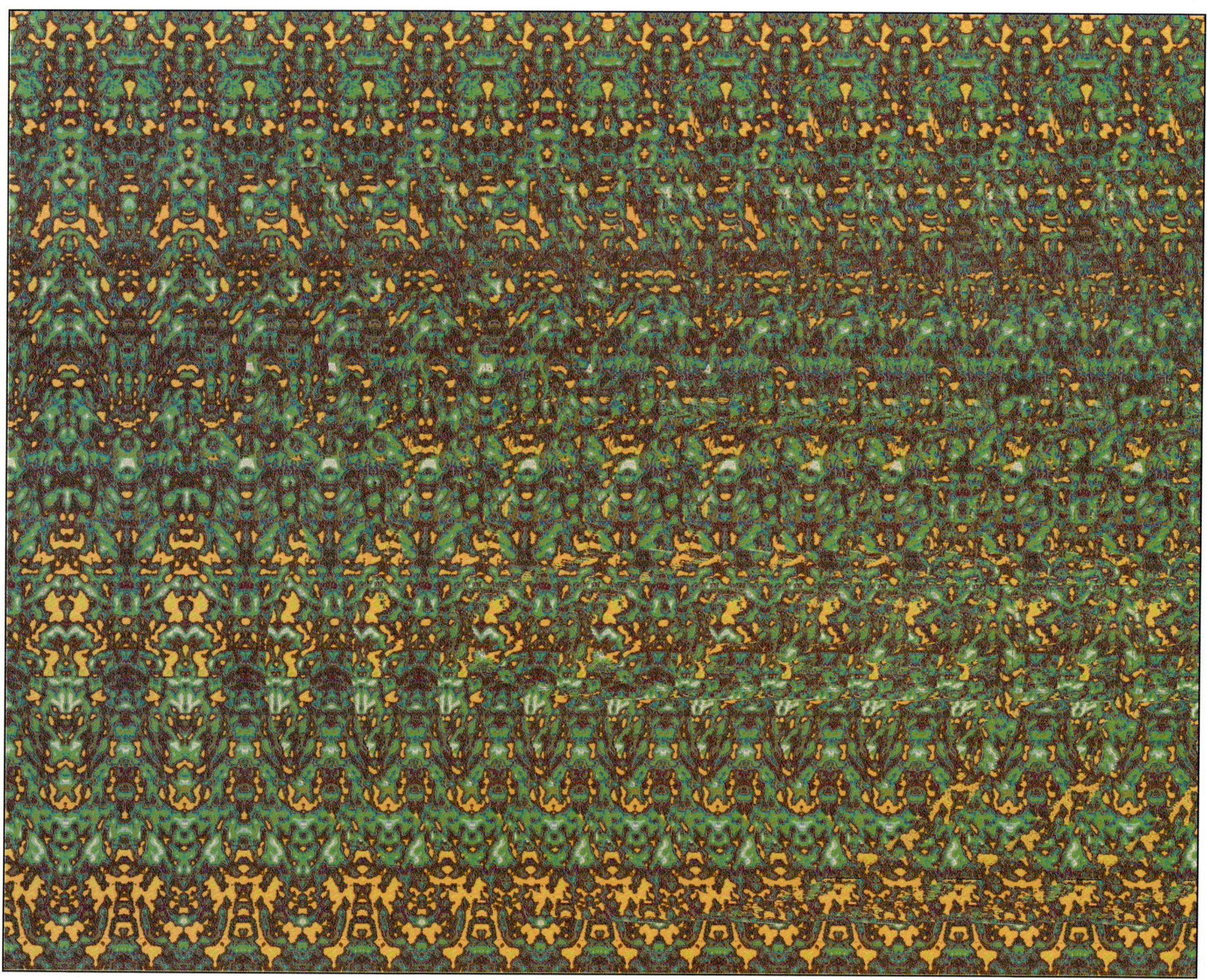

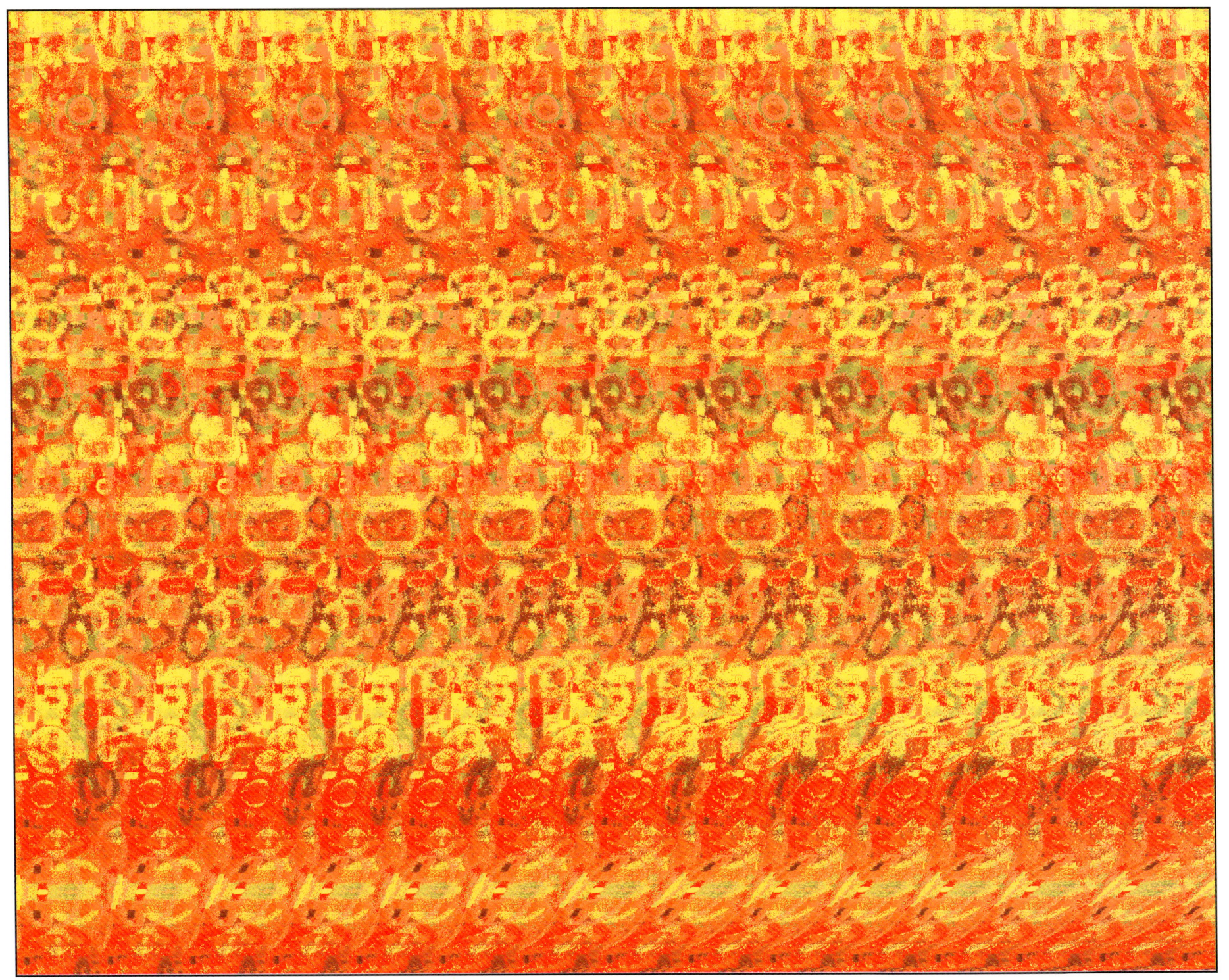

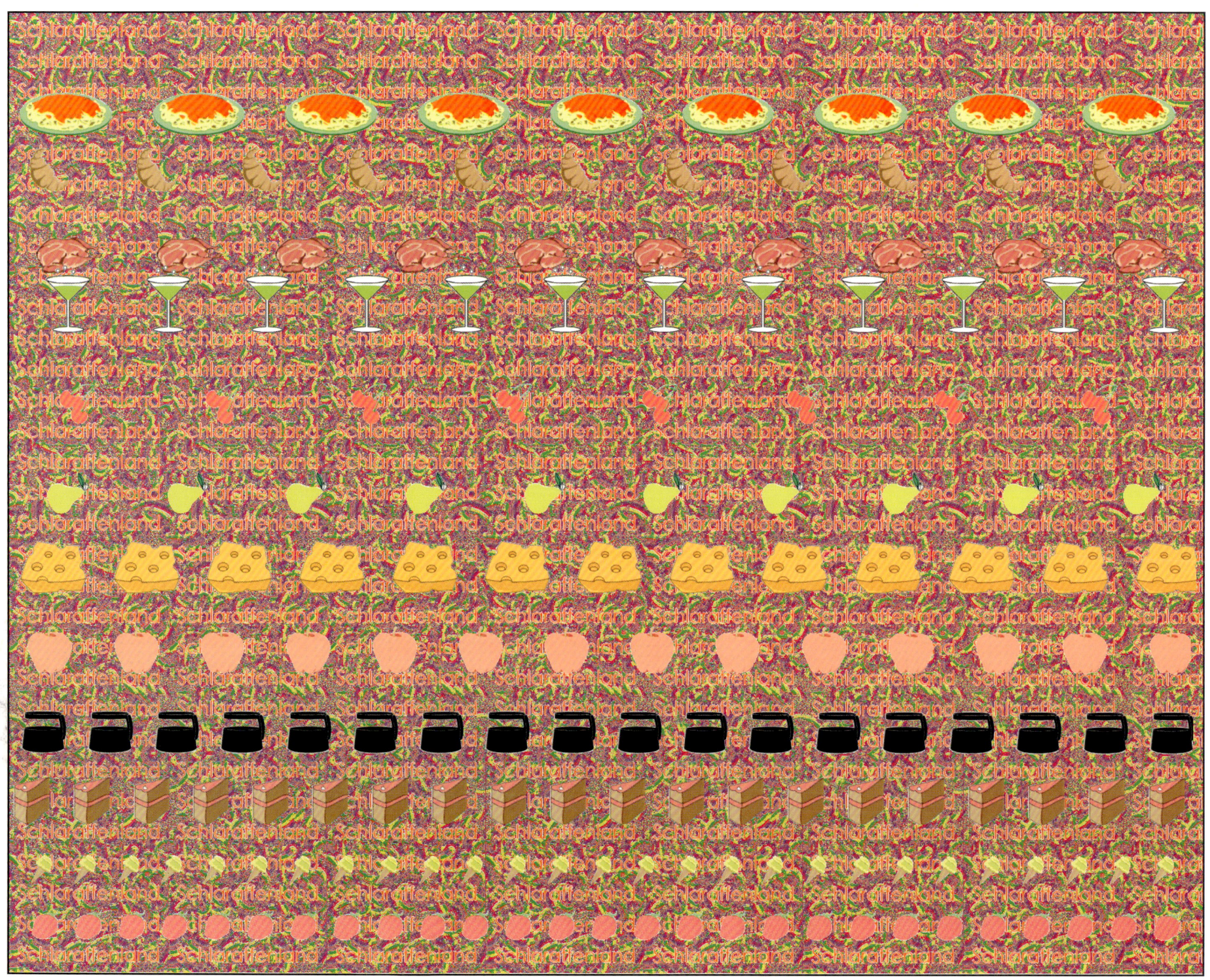

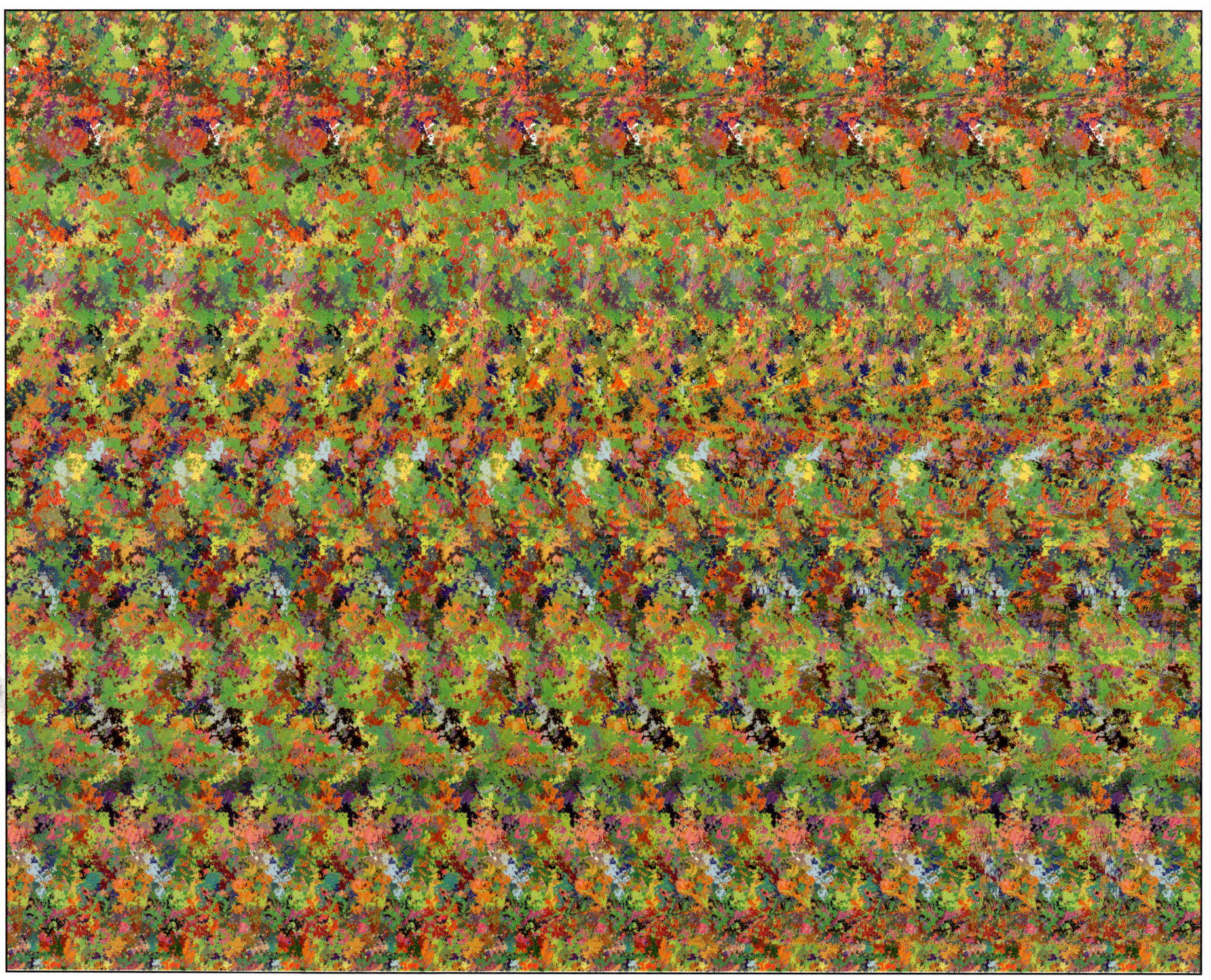

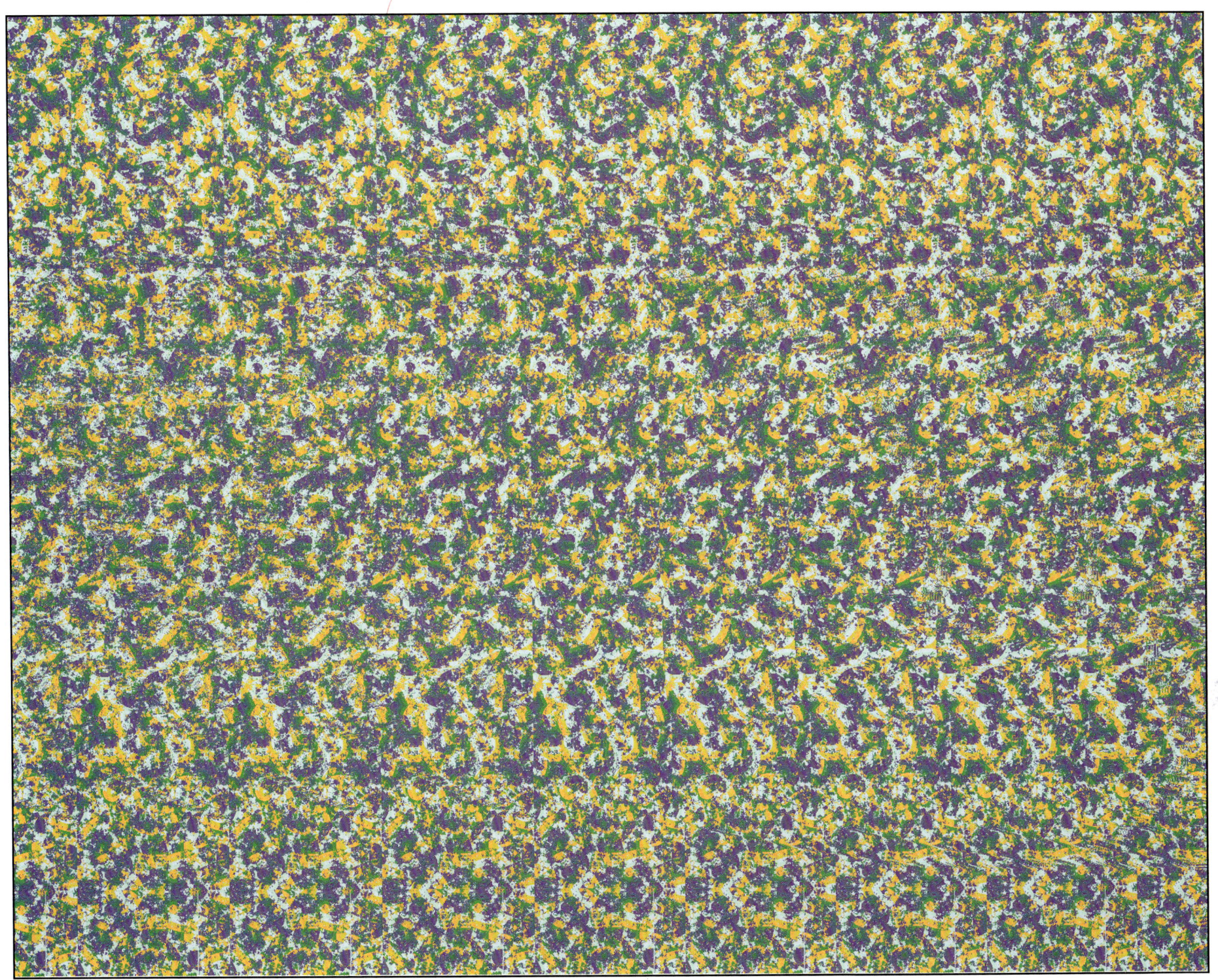

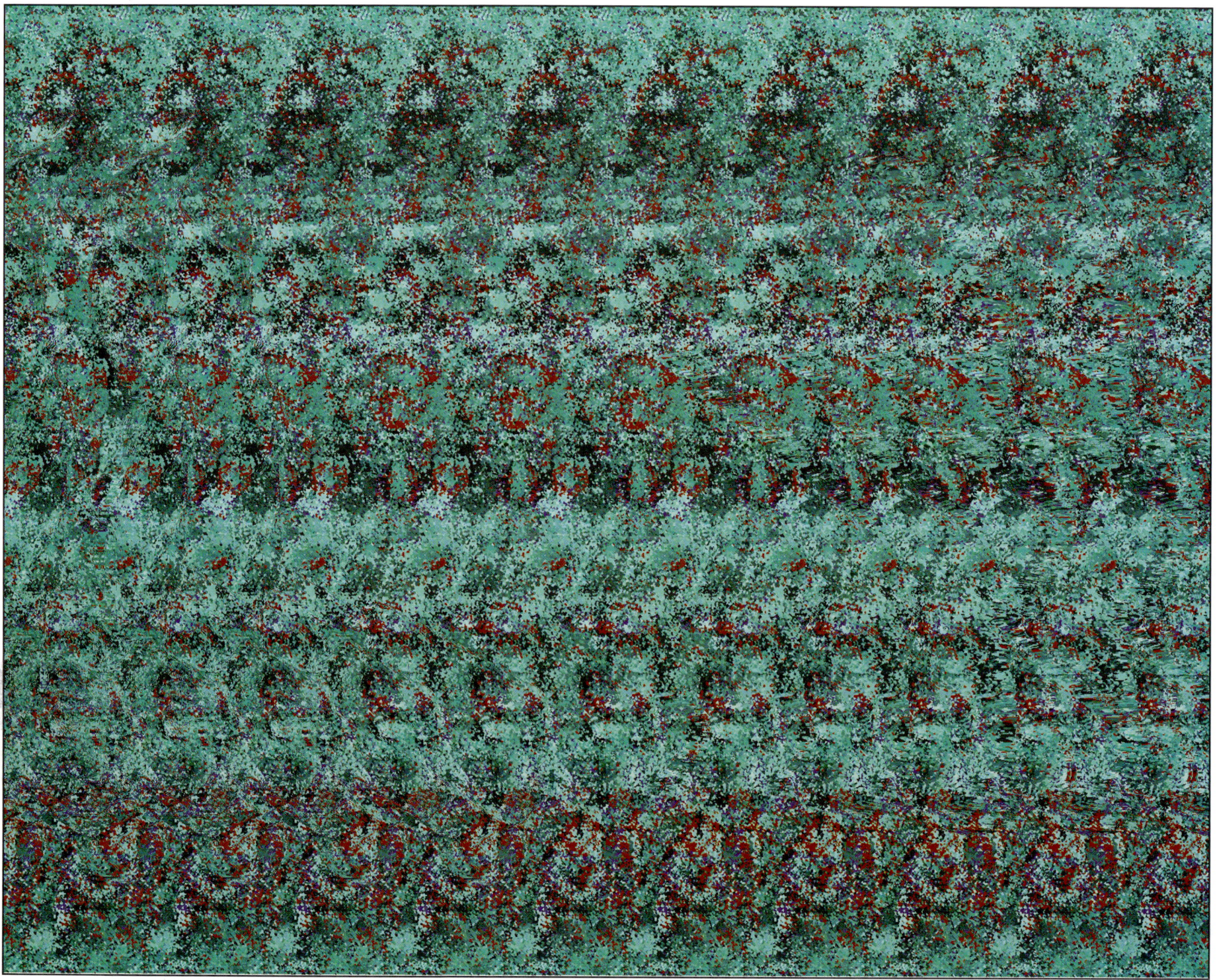

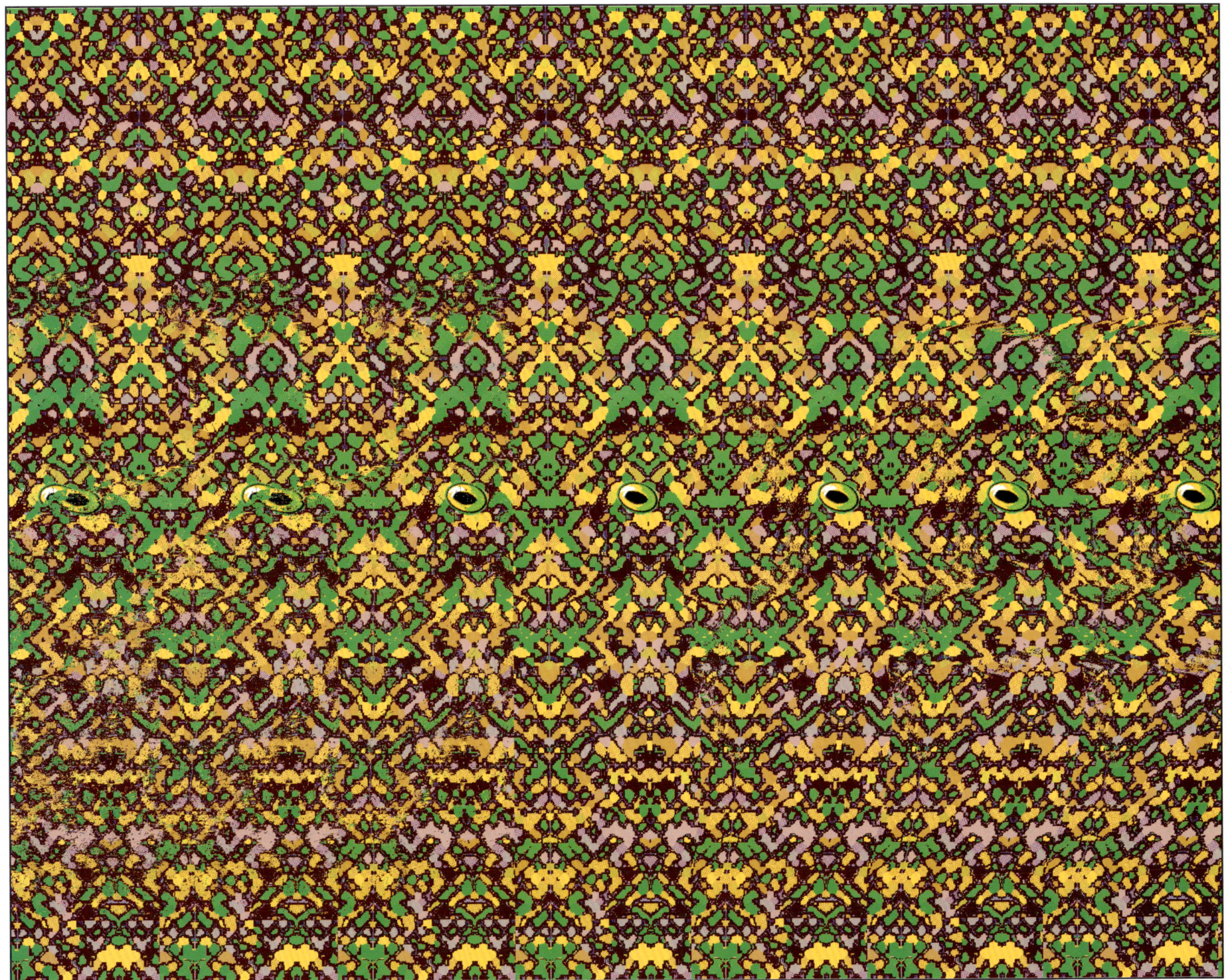

31

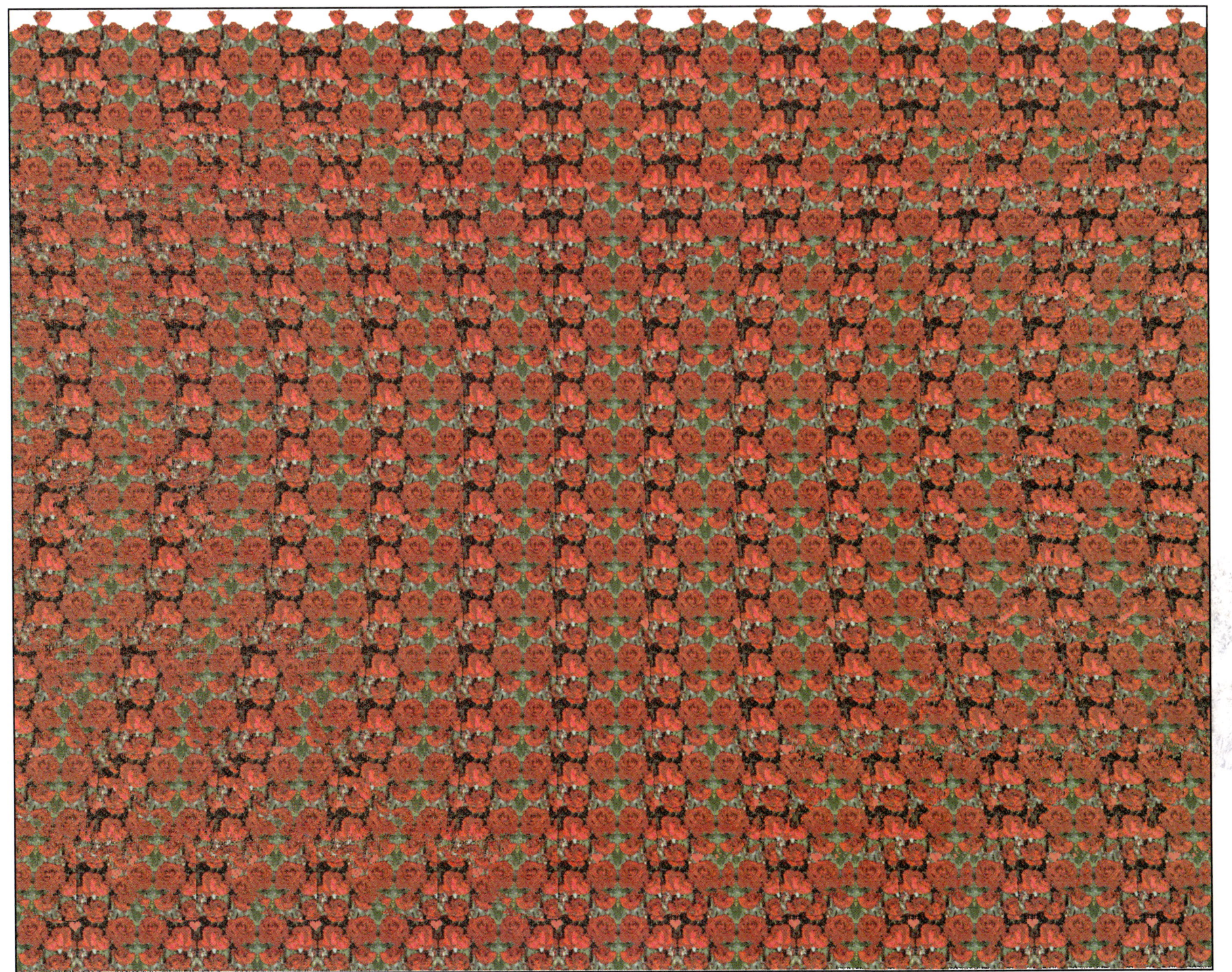

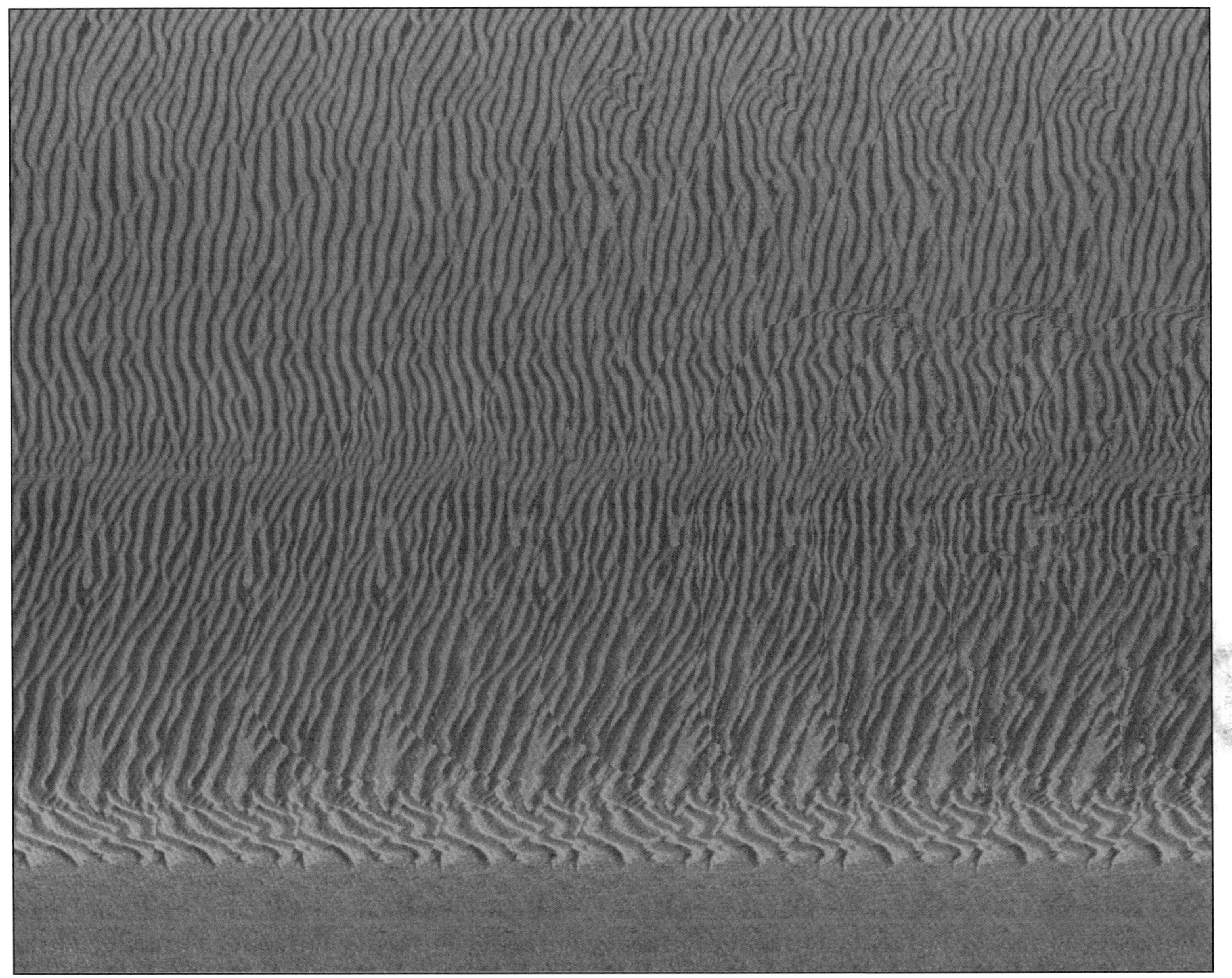

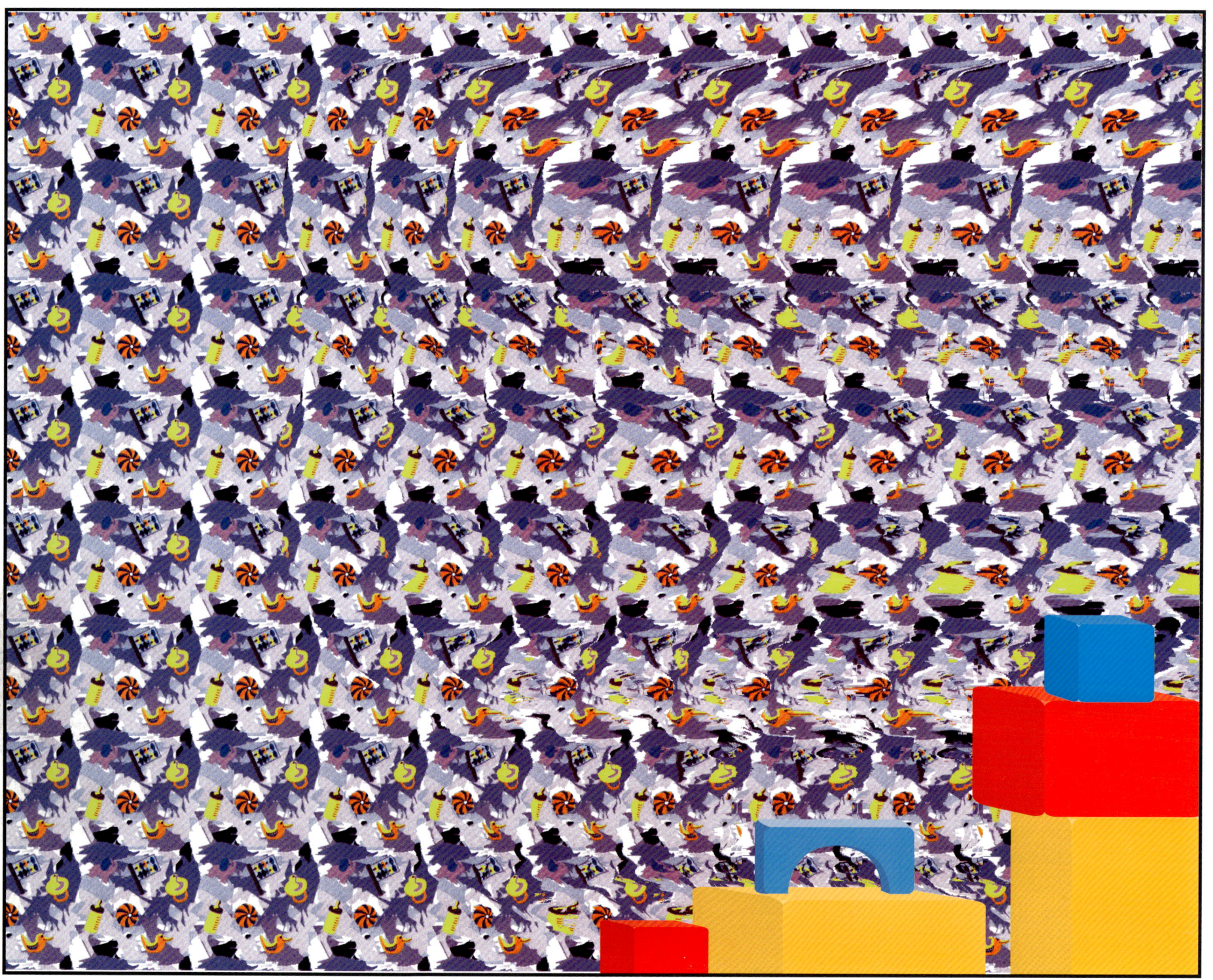

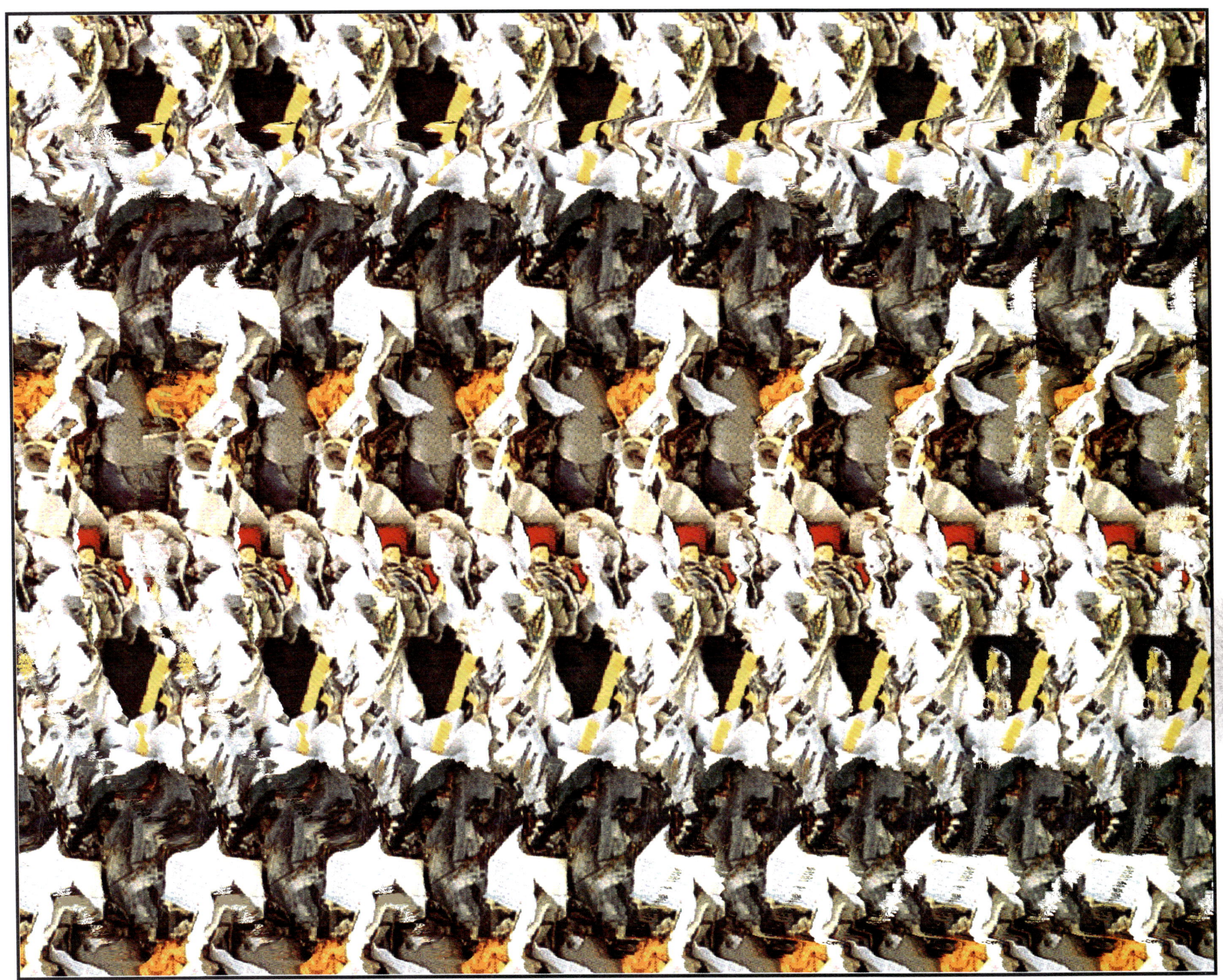

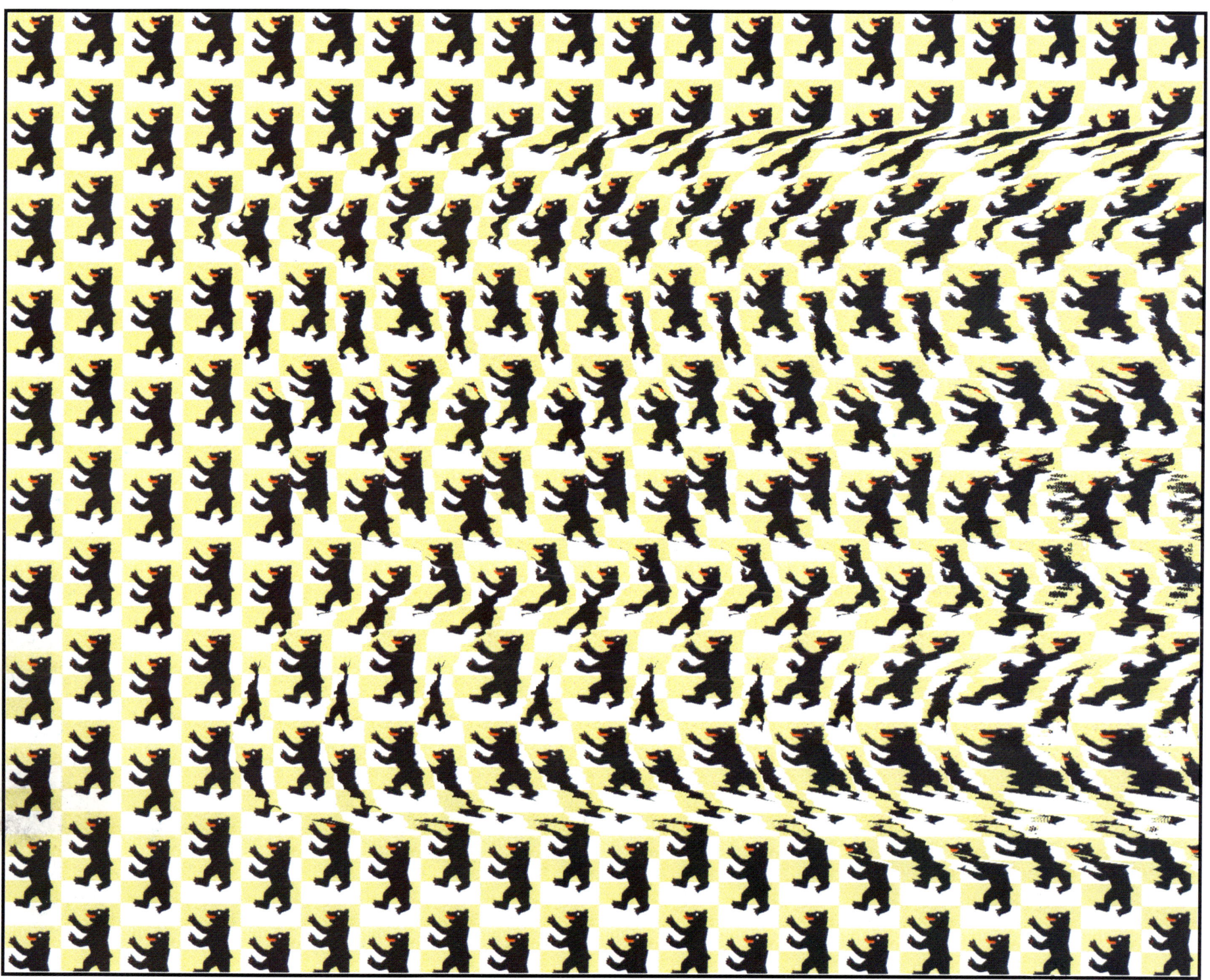

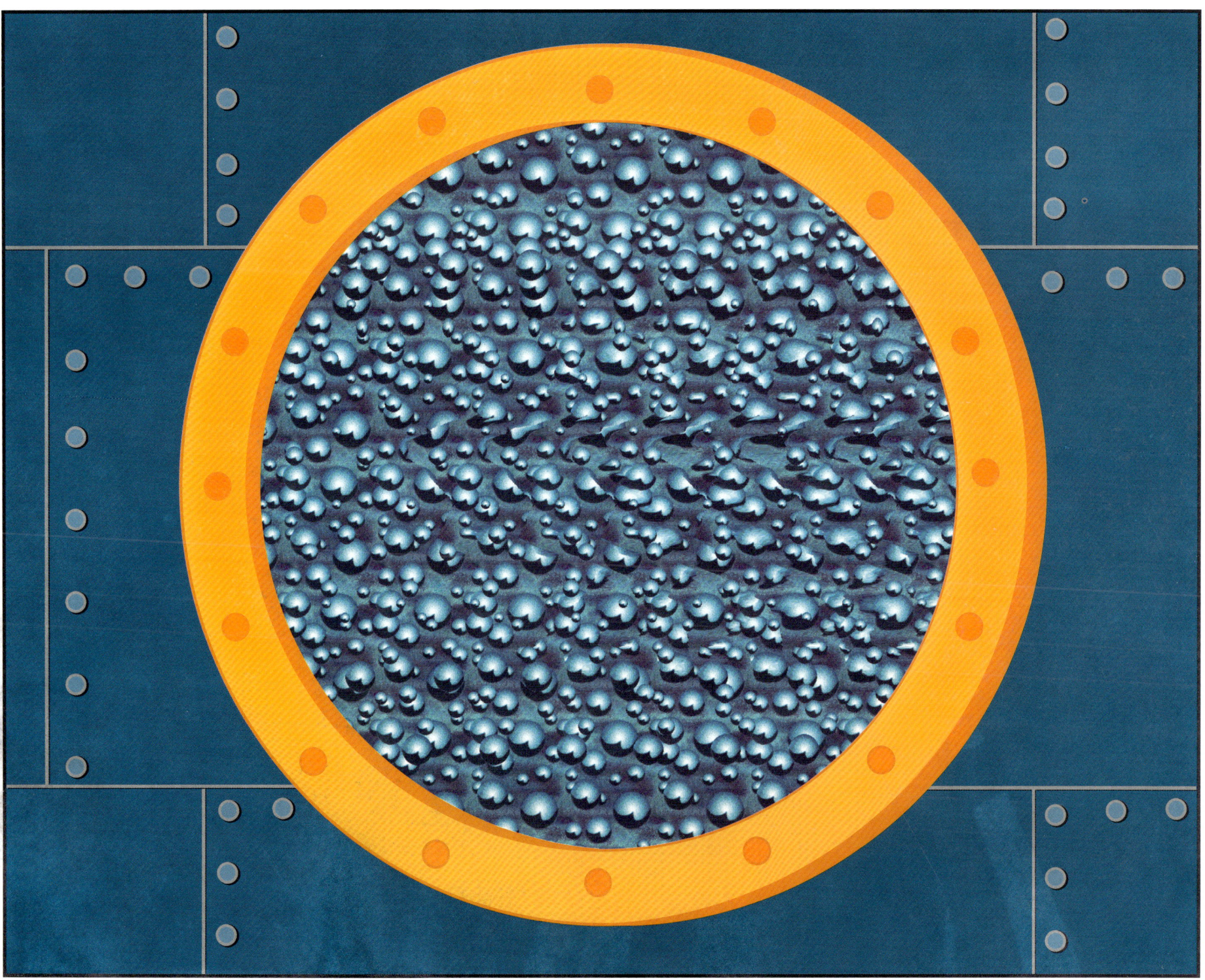

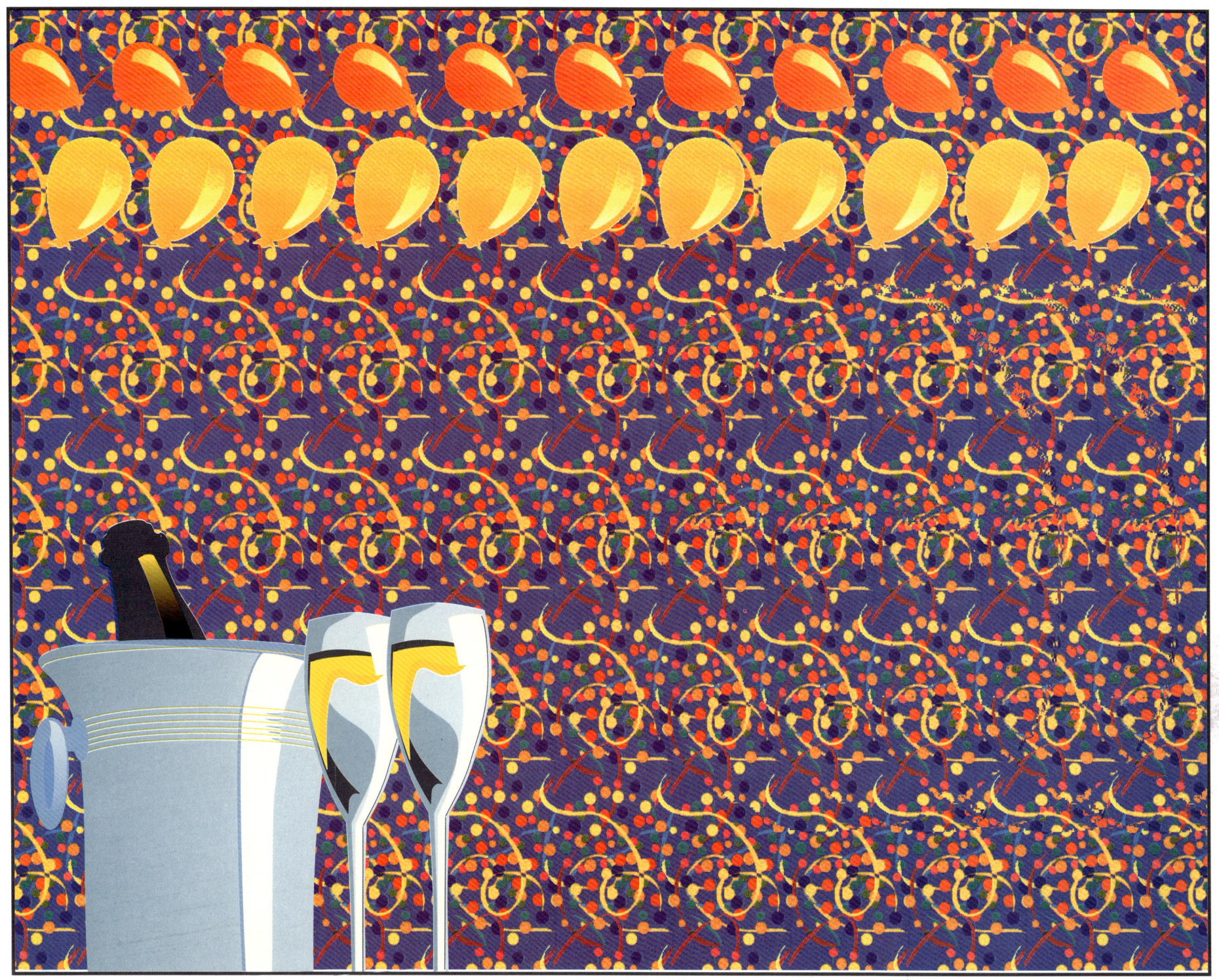

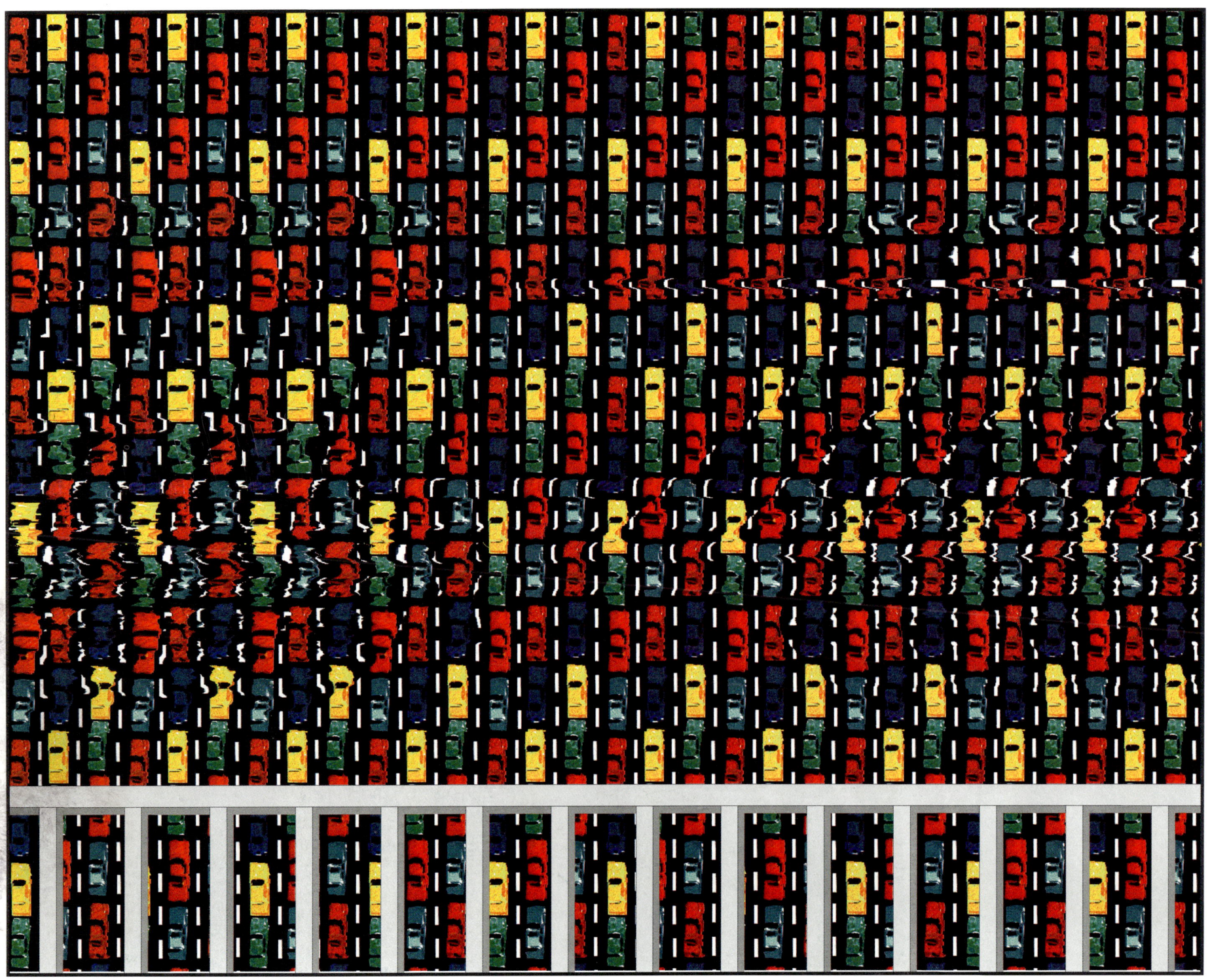

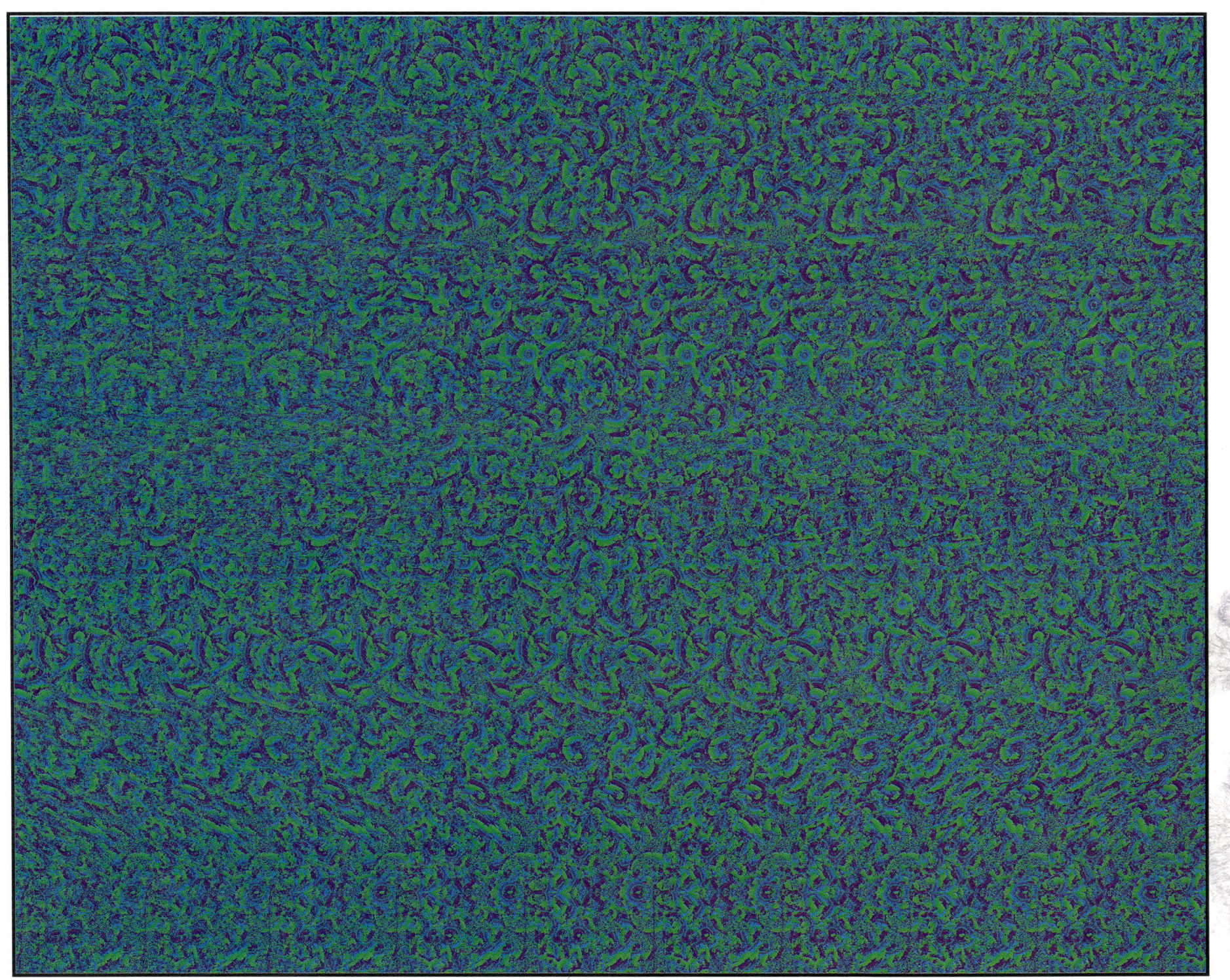

Les images cachées

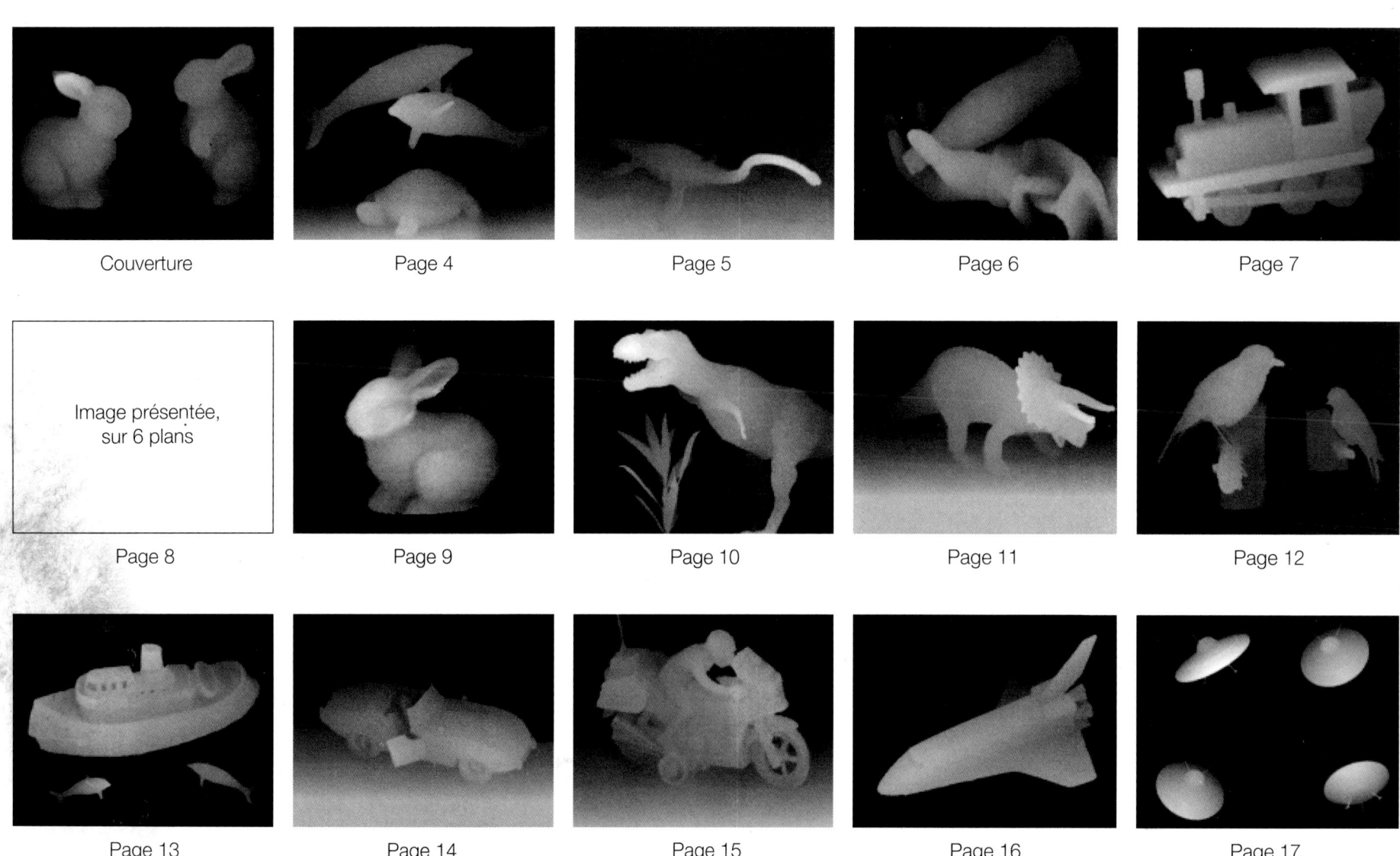

Couverture

Page 4

Page 5

Page 6

Page 7

Image présentée,
sur 6 plans

Page 8

Page 9

Page 10

Page 11

Page 12

Page 13

Page 14

Page 15

Page 16

Page 17

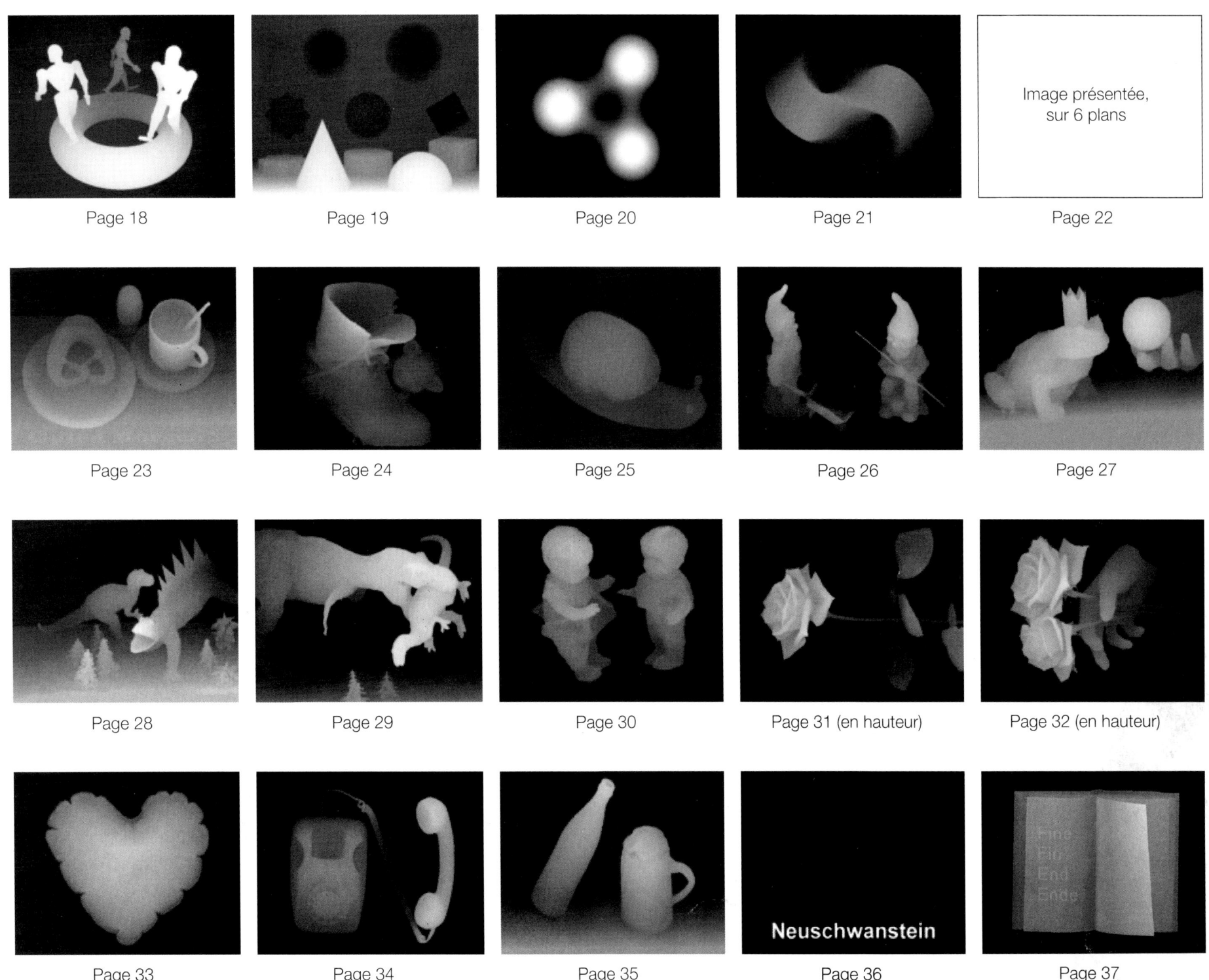

Page 18

Page 19

Page 20

Page 21

Image présentée,
sur 6 plans

Page 22

Page 23

Page 24

Page 25

Page 26

Page 27

Page 28

Page 29

Page 30

Page 31 (en hauteur)

Page 32 (en hauteur)

Page 33

Page 34

Page 35

Page 36

Neuschwanstein

Page 37

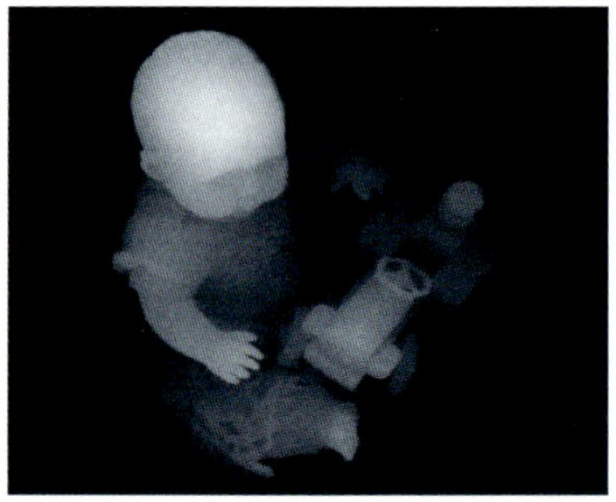

Page 38

Page 39

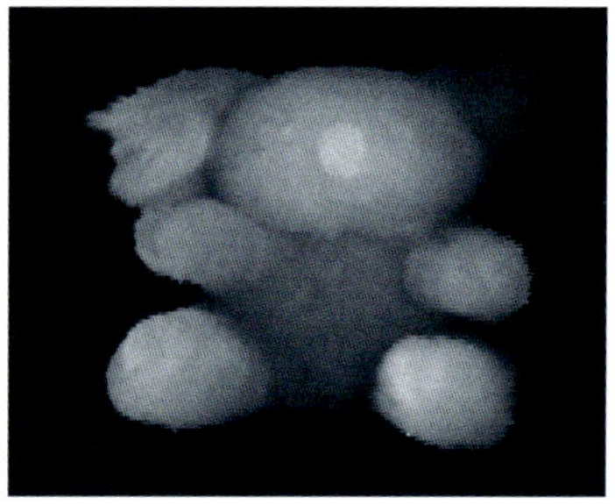

Page 40

Page 41

Page 42

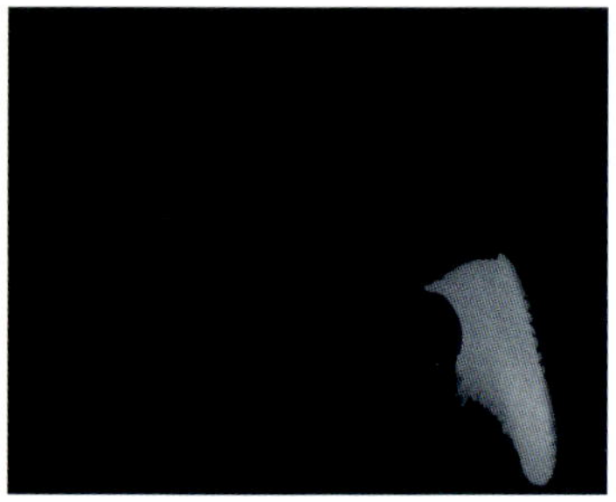

Page 43

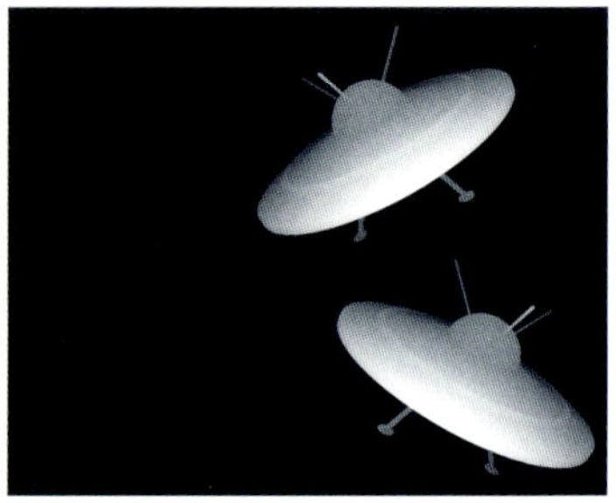

Page 44

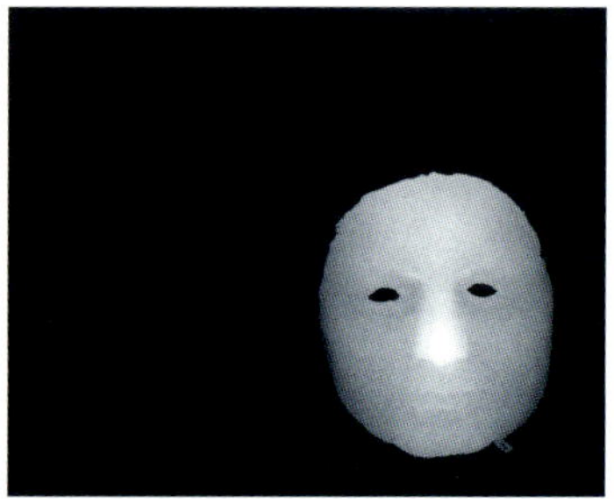

Page 45

Page 46

Page 47

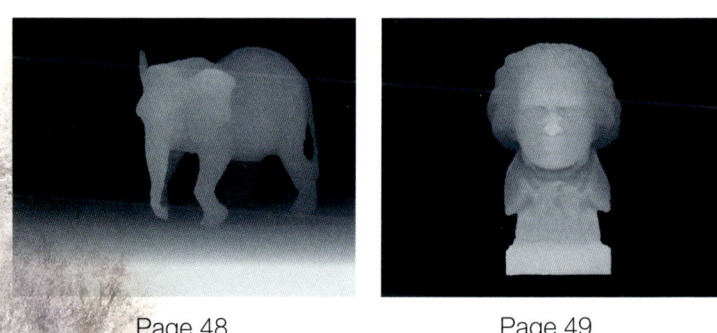

Page 48

Page 49

© 1994 Südwest Verlag GmbH & Co. KG, Munich,
pour la version originale
© 1994, Éditions Solar, Paris, pour la présente adaptation
ISBN 2-263-02263-5
N° d'éditeur 2417
Imprimé en Allemagne par R. Oldenbourg Graphische Betriebe GmbH, D-Kirchheim